AF268355

QUATRIÈME LETTRE

D'ICILIUS.

L'arbitraire est un artichaut qu'il faut manger
feuille à feuille.   (Un Savoyard.)

L'adresse, un vote de crédit, deux lois sur les listes électorales et sur la presse, composent les travaux de la session.

On a flétri l'ancien ministère et appuyé le nouveau, on a voulu rendre à la chambre sa pureté, et donner au pays les moyens de connaître la vérité; mais une autre mesure attendue et promise aurait dû précéder celles-là pour en assurer le succès; une seule digue arrêtera l'opposition, qui peut tout braver, excepté la France.

Elle voit dans l'adresse une insulte, dans le vote du crédit une proie, dans vos deux lois du papier.

Un coup d'état peut lui promettre ses cortès de Lamego, un coup d'état peut lui livrer la presse et vos millions; mais la garde civique et les municipalités étaient une force supérieure à la sienne.

Le pouvoir donné aux communes était le seul qu'on plaçait hors de sa portée, et qui changeait en bonheur durable une liberté viagère placée sur la tête du ministère actuel.

Je me borne à traiter la question des municipalités, qui fait suite à la question des libertés publiques, et qui me conduit à l'examen du ministère de l'intérieur.

Ministère de l'Intérieur.

> *Je vous trouvais un air de fierté, de courage, de générosité; non, je ne plaisante pas, je vous croyais du cœur; je m'en souviens très bien, quoiqu'il y ait long-temps.* MAZARIN.

Les cris de l'opposition, à la nouvelle de la création prochaine des corps municipaux, montrent assez qu'elle y voit un péril.

Sa fureur hypocrite accuse déjà les communes d'envahir le pouvoir royal.

A l'entendre, occupée du gouvernement seul, elle ne prend les armes que pour le défendre; debout sur les remparts de la monarchie, elle repousse l'invasion de la démocratie; elle ne combat que pour la royauté; elle marche en criant: Dieu sauve le Roi! mais au fond elle ne tremble et ne combat que pour elle-même.

L'espoir secret de remonter au pouvoir la porte à désirer qu'il demeure intact. Long-temps admise à partager les droits de la royauté, elle veille au maintien de ces droits; et comme enfin elle se flatte de ressaisir le ministère, elle tient l'arbitraire en disponibilité.

Si les lois à faire se classent par ordre d'importance, la loi sur les corps municipaux devait précéder les autres et non les suivre. Les corps municipaux sont, contre l'opposition royaliste, une garantie qui peut tenir lieu de toutes sans pouvoir être remplacée par aucune.

L'opposition peut vouloir honnir le ministère, casser les chambres, et tuer la charte, mais elle ne peut rien contre les corps municipaux, qui sont la nation : leur réunion est une masse indestructible de résistances; c'est par eux que la charte devient vivante, c'est par eux que la liberté se fait homme.

La charte a vaincu, mais après ses victoires il lui reste à conquérir un vaste territoire.

Elle est encore en pays ennemi, il lui faut des places de sûreté.

Les corps municipaux, élevés sur tous les points de la France, seraient autant d'asiles ouverts aux soldats de la constitution.

Destinés d'ailleurs, comme je le pense, à intervenir dans la vérification du cens électoral, dans le contentieux administratif, dans la répartition des impôts d'hommes et d'argent, dans la levée et dans l'emploi de la garde nationale, ils doivent exister avant les lois qui régleront tous ces objets; ils sont une base de pyramide qu'il faut asseoir avant d'élever l'édifice.

Les préfets et leurs conseils, les tribunaux et

le conseil d'état, ont reçu chacun leur part d'attributions électorales; la part n'a pas été faite aux corps municipaux, qui ne sont pas encore; moins heureuse parmi nous qu'aux funérailles de l'historien de Brutus, l'absence a perdu ses droits.

L'état seul de l'administration départementale etc ommunale est contre elle la plus vive des réclamations.

Son inconstance est forcée et, pour ainsi dire, légale; attachée au ministère, elle le suit dans toutes ses révolutions; elle obéit en esclave à tous ses mouvemens. L'arrivée d'un nouveau ministre de l'intérieur révoque ces lois tirées de la foule, auxquelles on avait momentanément accordé du service; elle anéantit les projets du ministre vaincu, son administration et son système, s'il avait un système.

Le nouveau ministre a sa liberté complète, toute puissance lui est donnée sur le passé et sur le présent; il dispose à son gré des lois, des ordonnances, et des réglemens; son magique pouvoir donne aux Janus de préfecture le visage impérial ou la figure d'un apostolique. Le nouveau Bias apporte tout avec lui; il rédige son gouvernement en circulaire pour l'envoyer par le télégraphe. L'administration, c'est lui.

Les préfets, à l'exemple du ministre, frappent à leur effigie l'administration dont ils disposent ; leur circulaire transmet aux sous-préfets et aux maires des attributions et une conscience nouvelles ; ils ont rarement à lutter contre les résistances ; le pouvoir obéi sans murmure fait rendre à ses caprices le respect qui n'est dû qu'aux lois ; on exécute le mouvement qu'il demande avec la précision que donne aux administrés l'habitude de la manœuvre.

Quand le ministre est révoqué, la révocation s'étend sur l'ensemble des conceptions ministérielles, l'édifice tombe avec l'architecte ; l'idée ne vient à personne de prêter appui au système disgracié ; on croit que les vues administratives d'un ministre font partie de son mobilier ; les chefs de division, les préfets, les sous-préfets, les maires et les adjoints, ouvrant au défunt les cartons de l'oubli, lui mettent son épitaphe; on referme son tombeau, et, comme dit Pascal, en voilà pour jamais.

Le despotisme de l'administration est égal à son inconstance.

Le préfet qui ne devrait être que l'œil du prince auprès des autorités locales, le préfet qui devrait être le chef du parquet auprès des corps municipaux, agit au lieu de surveiller; il attire à ses bureaux tous les pouvoirs, il réunit à l'administration générale qui lui appartient, l'administration locale qu'il devrait seule-ment inspecter ; il est à la fois chargé du recru-tement et de l'achat d'un presbytère ; il inter-vient dans les élections et dans l'emploi de l'ar-gent des communes; sa juridiction embrasse tous les détails, sa compétence est universelle, il nous gouverne à merci et miséricorde. Ainsi la France est soumise au despotisme par cela seul qu'elle est trop gouvernée.

L'administration est la même par toute la France ; ainsi, quand elle est mauvaise, le mal est commun à tous, le fléau est universel.

L'administration, c'est l'homme qui la di-rige ; or, le danger d'avoir un mauvais ministre, n'est pas entièrement chimérique.

La création des municipalités promet un meil-leur système.

L'administration ne sera plus jetée dans un moule commun et fondue d'un seul jet ; elle pourra varier suivant les lieux, se prêter aux changemens d'intérêts, se conformer au temps, et les défauts qu'elle aura seront du moins par-tiels ; et s'il plaît aux Bretons de voter la cons-truction d'un opéra, nous pourrons, nous autres Champenois, voter l'ouverture d'un canal. Enfin, quoique l'État pût se ressentir de la mauvaise administration des communes, la marche du gouvernement , disait M. Siméon , n'en éprouverait aucune entrave.

Comme l'esprit de corps se perpétue à travers les âges, on verra les corps municipaux adopter des principes , se tracer une marche réglée , suivre les précédens établis , et créer dans les provinces ces habitudes monarchiques qui arrêtent les révolutions.

Une erreur signalée dans un pays sera évitée dans un autre; l'exemple de sagesse qu'une province aura donné à toutes comme modèle , sera bientôt imité. De ce concours d'efforts et d'essais divers naîtra un système parfait ; les départemens seront l'un pour l'autre un commun enseignement.

Le gouvernement est le premier intéressé dans la création des corps municipaux. Accablé qu'il est aujourd'hui de travaux immenses , il a besoin d'auxiliaires qui les partagent ; il a surtout besoin de restreindre sa responsabilité. Comme son action est universelle , toutes les fautes lui sont imputées , tous les reproches l'atteignent , il est complice de tous les fonctionnaires coupables ; l'odieux de tous les méfaits administratifs retombe sur lui : les travaux actuels des ministères sont les travaux d'Hercule ; et le ministère qui demande un demi-dieu n'a pas toujours un homme.

Les travaux des préfets sont par la même raison des travaux accablans ; un préfet est dans son département le chef de tous les services , le ministre de tous les ministères ; et quand je le vois ajouter à cette tâche déjà immense le fardeau de la députation , je le compare au prélat qui se condamne encore aux soins de la pairie , et je suis frappé d'une vive admiration.

Il est d'autres avantages que promettent les municipalités , et qu'il suffit d'indiquer.

Leur supériorité sur les commis des ministres, en fait d'indépendance, de lumières et d'activité , ne sera contestée par personne.

La réduction du budget de l'intérieur est un autre résultat du changement proposé ; la dépense des bureaux disparaît avec les commis et le travail dont ils étaient chargés ; or , si nous avons obtenu sans frais des maires et des adjoints révocables , des municipaux mieux traités ne sont pas introuvables si l'on consent à se soumettre à la triple condition du cens de l'élection et de l'inamovibilité.

C'est aux corps municipaux à créer la cité.

La France, sous l'empire , n'était point une nation , mais une réunion d'individus ; la société n'y était point formée ni l'administration constituée ; le prince avait des sujets , la patrie n'avait pas de citoyens.

La création des municipalités , en donnant au pays l'organisation qui lui manque , assied son gouvernement sur une base inébranlable; l'un et l'autre en deviennent plus forts , et cette force produite au dehors devient le droit de la France aux respects des étrangers.

Ministère des Relations extérieures.

Faire de Paris la capitale des constitutions.

Le même système qui fonde sa puissance dans l'intérieur, la maintient et l'accroît au dehors; la France ne peut suivre à la fois deux plans opposés; sa politique, pour être bonne, doit être une et indivisible. Élevée au sommet du gouvernement, la charte est un principe qui domine tous les ministères ; la diplomatie ne peut être qu'un accessoire soumis à la condition du principal. Interrogée sur le but qu'elle se propose , sur les moyens et sur les hommes qu'elle emploie pour y arriver , notre diplomatie actuelle refuse de répondre et prend , au nom de sa dignité , un parti que lui dicte la prudence.

Mais quand les hommes se taisent , la parole est aux événemens ; les faits, sommés de répondre à nos questions , déclarent que notre diplomatie n'a point eu de système, et qu'elle ne soumet à aucune règle le choix des moyens et des hommes qu'elle emploie.

Les faits nous la montrent compromettant nos intérêts, et arborant à la fois des drapeaux opposés ; complimentant la charte espagnole à sa naissance, et plus tard demandant sa mort ; appuyant une puissance rivale dans ses vues sur l'Italie, après avoir sacrifié la Saxe et la Bavière, qui sont nos alliées en Allemagne; ils nous la montrent obséquieuse envers un ambassadeur qui nous insulte, prodigue envers l'Espagne qui nous méprise, et hautaine avec les États américains qui croissent pour la perte de l'Angleterre; ils nous la montrent enfin employant tour-à-tour les hommes de vues opposées : M. Decazes et M. de Châteaubriand, M. de Moustiers et M. Hyde de Neuville, M. de Rivierre et M. de la Ferronnay; ils nous la montreut offrant ses premiers emplois à des hommes nouveaux qui manquent d'expérience et d'étude, et dont les talens sout des conjectures. Le ministère des affaires étrangères a été peut-être, car je ne donne pas cela comme un fait certain, le plus inhabile de nos ministères.

Parmi les grands intérêts confiés à la défense de la diplomatie, nous donnerons à la légitimité la première place, qui véritablement est la sienne. Le premier des biens, pour la France, est à coup-sûr celui qui garantit la durée des autres en les augmentant.

C'est au pied du trône héréditaire que toutes les ambitions viennent se briser et mourir, ou plutôt l'hérédité n'a pas de révolutions à vaincre; elle fait mieux que les vaincre, elle les empêche de naître; quand on sait d'avance le triomphe impossible, on n'engage pas la bataille : or, le droit ne peut être vaincu. La force et le mérite admettent la concurrence, mais la légitimité n'a point de rivaux possibles; sa défaite même ne prouve rien contre elle.

Le principe de la monarchie légitime, qui garantit la sécurité du prince et qui assure la paix du royaume, fait aussi les bons rois.

Le pouvoir est plus doux quand il est possédé sans crainte; les peuples sont punis des alarmes des rois; les parvenus du pouvoir ne valent pas mieux que ceux de la richesse.

Si tels sont les bienfaits de la monarchie héréditaire, s'il nous importe de les voir partout adoptés et consacrés par l'application, s'il nous importe de donner à cette forme de gouvernement l'autorité des exemples, si enfin nous devons écarter comme un péril l'invasion des républiques, pourquoi favoriser le despotisme qui les fait naître ? Pourquoi souscrire à la politique imprudente des congrès, qui sème des révolu-

tions populaires dans les champs de l'avenir ?
Pourquoi préconiser d'Aranjuez et Belem ? Ne
voit-on pas qu'on y fait de la république ?

Ces règnes si vantés des amis de la monarchie ;
ces règnes qui sont l'ouvrage de nos diplomates,
des républicains le bénissent à leur tour : on a
surpassé leur attente , on a plaidé leur cause ;
pour effrayer l'Espagne allez à présent évoquer les
souvenirs des atrocités républicaines, l'Espagne
vous dira, comme le martyr du Mexique : Et
moi, suis - je sur des roses?

Quand il s'agit de voter sur la question de la
légitimité, beaucoup de voix monarchiques demandent la division. Le devoir de la respecter,
que l'on impose aux nations, ne paraît pas obli-
ger les rois; mais heureusement un principe ne
peut se partager; il faut le nier ou l'admettre
en entier. Si donc on punit les nations qui chan-
gent leurs souverains, les congrès ont été coupables de changer les souverains de Venise, de Gè-
nes, du Voralberg et d'une portion de la Saxe.
Si la guerre faite à l'Espagne était nécessaire, il
faut la faire à la Suède. Je n'impute point à notre diplomatie toutes les fautes des congrès;
mais je crois qu'elle a fourni son contingent à
la masse commune.

Si les rois légitimes trouvent un appui dans
leur nombre, il en est de même des constitutions, et la diplomatie doit faire pour la charte

ce qu'elle fait pour la royauté ; l'une et l'autre sont confiées à sa garde : une charte nouvelle est pour la France un nouvel allié.

Aucun pays plus que l'Espagne ne devait sous ce rapport attirer notre attention. L'établissement d'une charte monarchique chez nos voisins était un bienfait pour la France. La puissance que la liberté donnait à nos alliés naturels nous était acquise. Les raisons présentées par nos diplomates tiraient une force nouvelle de notre position vis-à-vis du roi. Le souvenir de nos services appuyait nos discours ; la présence de nos soldats affaiblissait beaucoup d'objections ; un prix était dû enfin aux cortès qui avaient sauvé les légitimités européennes : l'Espagne est encore apostolique.

Ces refus de constitutions ont leurs périls. On voit des peuples grossiers, s'emparant de ce qu'on leur refuse, octroyer à leur tour des constitutions. Or les rois sont comme Louis XIV au sermon : ils aiment bien à prendre leur part, ils n'aiment pas qu'on la leur fasse.

Quelquefois les nations vont plus loin ; on a vu les nouveaux États d'Amérique abroger la royauté même.

Si d'un côté leur naissance est illégitime, d'autre part elle est un fait. La France a négligé le fait pour s'occuper du droit. Georges Canning a pris un parti tout opposé; il n'a point examiné le droit, mais il a reconnu le fait pour en tirer parti suivant l'usage britannique.

Ils demandent que nous les reconnaissions : eh bien! dit-il, nous reconnaissons qu'ils existent.

Cette diplomatie positive et qui s'attache aux faits, n'examine pas leur moralité, mais leur force; elle traite avec tous les intérêts, et profite avec tous sans leur dire inutilement ce qu'elle pense de leur légitimité.

Le temps nous a contraint d'imiter l'Angleterre. Le fait de l'insurrection qui s'est affermie, est devenu un droit pour nous-mêmes; mais Canning, qui avant nous prévoyoit cette métamorphose si commune en politique, nous en avait dérobé tous les bénéfices.

Pour des principes que nous avons même abandonnés, nous avons à pure perte offensé les Américains. L'Angleterre, qui ne s'est pas démentie, s'est fait des alliés en augmentant son commerce et sa marine. Quand les républiques étaient faibles, leur révolte était un crime; maintenant qu'elles ont des armées, des flottes et de l'argent, nous n'avons plus rien à objecter.

Notre tâche est rude si nous voulons, comme le demande un diplomate français, ramener aux principes monarchiques ou aristocratiques, les peuples égarés par de fausses théories.

Ni tous les hommes, ni tous les gouvernemens ne sont honnêtes, et néanmoins il faut parfois traiter avec eux.

Si dans le choix de nos alliés nous devions avant tout consulter l'intérêt monarchique, nous ne pouvions oublier l'intérêt de la constitution. La charte, ainsi que la royauté, réclamait un appui : ses droits ne pouvaient être méconnus.

La diplomatie qui continue de dire le roi mon maître, doit songer que le roi, père de la patrie, a doté sa fille.

Les monarques absolus ne font que mettre en commun leurs périls ; l'alliance des états constitutionnels est une réunion de forces.

Un caprice ou la mort détruit la première alliance ; la seconde a la constance des nations qui l'ont formée.

Nous ne sommes pas forcés d'ailleurs d'opter entre deux avantages ; nous pouvons les réunir et comprendre dans une même coalition les chartes et les monarchies. Il suffisait à la France de se composer, avec les états soumis aux Bourbons, une famille constitutionnelle, et de rendre, par des adoptions successives, cette famille européenne.

En donnant au Piémont, à l'Italie, à la Grèce, des institutions libérales, comme en développant celles que possèdent déjà la Suisse, le Wurtemberg, la Bavière et la Saxe, on formait autour de l'Autriche une ceinture de douleurs qui la maintenait dans ses limites.

L'Allemagne, aujourd'hui divisée, recouvrait, par l'adoption de chartes constitutionnelles, l'unité, qui fait la force; elle devenait une barrière qui arrêtait la Russie en comprimant l'Autriche.

Aussi a-t-on vu ces deux puissances perpétuer avec soin une division dont elles profitent; sacrifier la Saxe à la Prusse, et sacrifier la Prusse au Hanovre; dépouiller la Bavière en faveur de Bade, et le Danemarck en faveur de la Suède; confier une même ville à trois puissances, dans le dessein secret d'irriter, en les blessant, tous les intérêts; de donner aux puissances secondaidaires des motifs constans d'animosité les unes contre les autres; de cultiver leur haine à plaisir.

Un moyen différent, mais qui conduisait au même but, assura les succès du premier.

Les constitutions furent signalées par M. de Metternich comme l'avant-garde des républiques; l'intérêt des rois lui servit à masquer celui de l'Autriche, et lui donna pour auxiliaires ceux-là mêmes qu'il attaquait; il supposa des périls pour faire sentir le besoin des mesures de sûreté; et pour prix de sa vigilance, l'adroite sentinelle obtint l'entreprise générale des précautions monarchiques.

Imprimerie de F.-N. ALLOIS, avenue de Saint-Cloud, n° 3.